Starke Geschichten zum Lesenlernen

CARLSEN

Lese-Spaß mit Lese-Pass

Liebe Eltern,

je regelmäßiger Ihr Kind übt, desto schneller und besser wird es das Lesen beherrschen. Das Lesemaus-Trainingsprogramm mit Sammelpunkten erfordert nur kurze Leseeinheiten von 10 Minuten. Das Sammeln macht Kindern Spaß und motiviert sie von Anfang an.

Je 10 Minuten Lesen werden im Lese-Pass eingetragen und durch Ihre Unterschrift bestätigt. Der Lese-Pass bietet Platz für 10 Einträge à 10 Minuten, also insgesamt 100 Minuten Lesen.
Ist der Pass voll, bekommt Ihr Kind eine zuvor mit Ihnen vereinbarte Belohnung. Das kann ein neues Buch, ein kleines Spiel, ein Ausflug etc. sein. Diese Belohnung tragen Sie zu Beginn gemeinsam im Lese-Pass ein.
Hat Ihr Kind den Pass fertig ausgefüllt, erhält es außerdem eine Lesemaus-Urkunde. Geben Sie dazu auf www.lesemaus.de/belohnung den Code LMZLL ein.

Schließlich gibt Ihr Kind den vollen Lese-Pass ab, erhält mit einem neuen Lesemaus-Band (oder als Download auf www.lesemaus.de) einen neuen Lese-Pass und liest weiter bis zur nächsten Lesemaus-Urkunde ...

Ihnen und Ihrem Kind viel Spaß beim Lesen und Sammeln!

Die **LESEMAUS** ist eine eingetragene Marke des Carlsen Verlags.

Sonderausgabe im Sammelband 1. Auflage 2013 | ISBN: 978-3-551-06617-6

Umschlagkonzeption: Karin Kröll | Umschlagillustration: Sigrid Leberer
Illustration der Lesemaus: Hildegard Müller
Lesemaus-Redaktion: Anja Kunle | Lektorat: Laura Leintz
Druck und Bindung: Livonia Print, Riga | Printed in Latvia

Inhalt

Marie ist keine Brillenschlange

Eine Geschichte von Christian Tielmann
mit Bildern von Kerstin M. Schuld

Marie liest mit der Nase!

Maries Klasse plant eine Lesenacht.
Die Schüler wollen
jede Menge Geschichten hören.
Und sie wollen sogar
im Klassenzimmer übernachten.
„Aber ich kann nicht die ganze Nacht
vorlesen. Ihr seid auch mal dran“,
sagt Herr Baum, der Lehrer.
„Und damit das Vorlesen gut klappt,
üben wir jetzt noch mal!“
Maries Freund Leon ist als Erster dran.
Herr Baum legt ihm ein dickes Buch hin.

Leon liest wunderbar vor.
Dann kommt Finn an die Reihe.
Schließlich landet das Buch bei Marie.
Da lacht Jaro: „Marie liest ja mit der Nase!“
„Die Schrift ist eben zu undeutlich!“,
sagt Marie wütend.

Plötzlich gucken alle zu Marie.
Sie hat ihr Gesicht wirklich
dicht über das Buch gebeugt.
„Du brauchst bestimmt eine Brille“,
sagt Finn.
„Ja, vielleicht musst du mal zum
Augenarzt“, sagt auch Herr Baum.

Schon am nächsten Tag geht Papa mit
Marie zur Augenärztin Frau Adler.
„Wir machen einen Sehtest“, erklärt sie.
An der Wand stehen einzelne Buchstaben.
Eine schöne Geschichte wäre Marie lieber.
Aber sie kann alle Buchstaben
an der Wand gut lesen.

Die Augenärztin setzt Marie vor ein Gerät.
„Das misst, ob du eine Brille brauchst",
erklärt Frau Adler.
Dann schaut sie selbst in Maries Augen.
Endlich ist der Sehtest fertig.
„Du bist weitsichtig",
sagt Frau Adler.

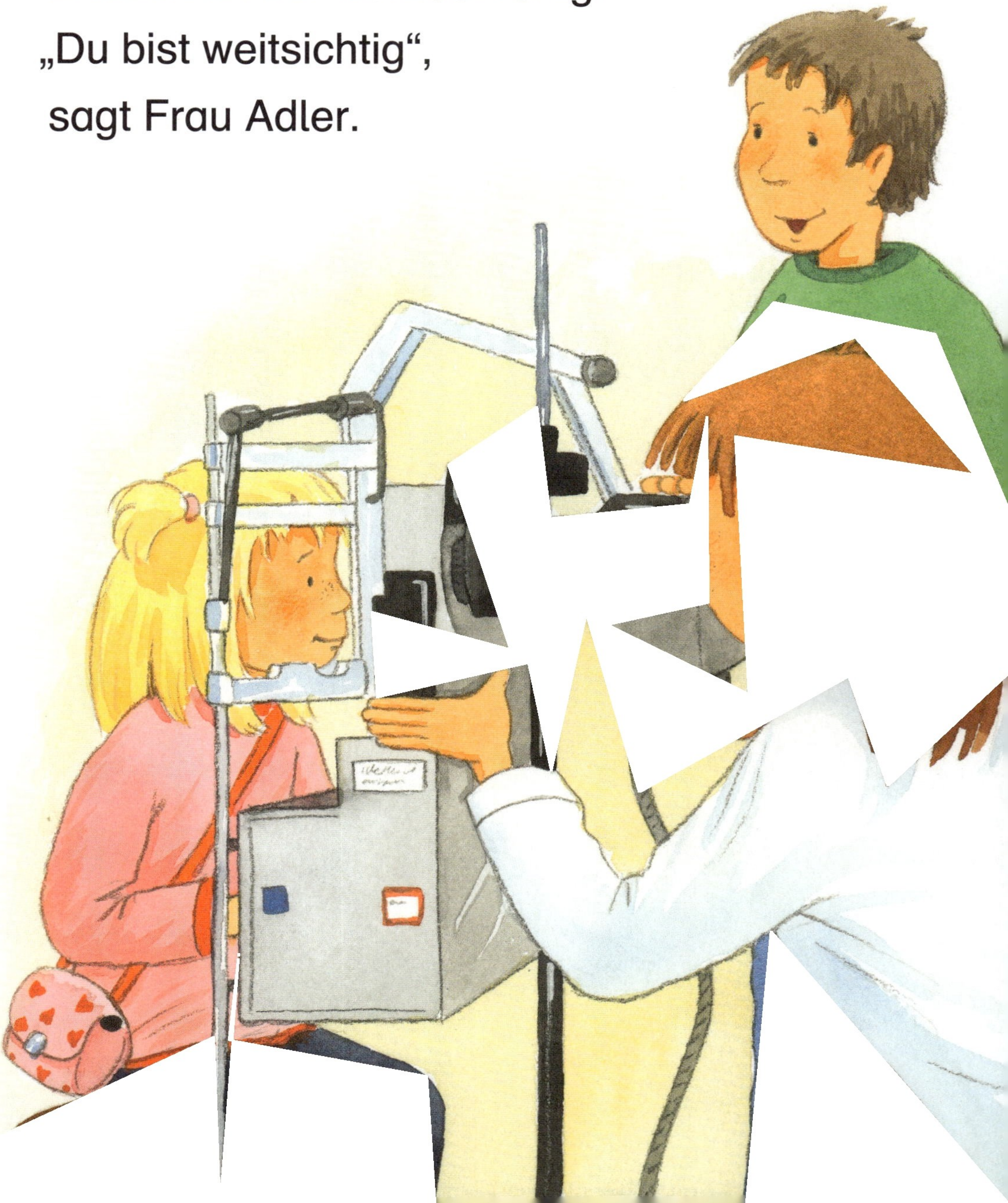

„Ist das gut oder schlecht?“, fragt Marie.
„Das bedeutet, dass du gut in die Weite sehen kannst“, sagt die Augenärztin.
„Aber zum Lesen brauchst du eine Brille.“
Marie schluckt. Das findet sie blöd.
„Bestimmt wirst du abends beim Lesen schnell müde“, sagt Frau Adler.
„Das wird mit der Brille besser, weil das Lesen für die Augen nicht mehr so anstrengend ist.“
„Kann ich dann die ganze Nacht lesen?“, fragt Marie.
Dann will sie sofort eine Brille haben!

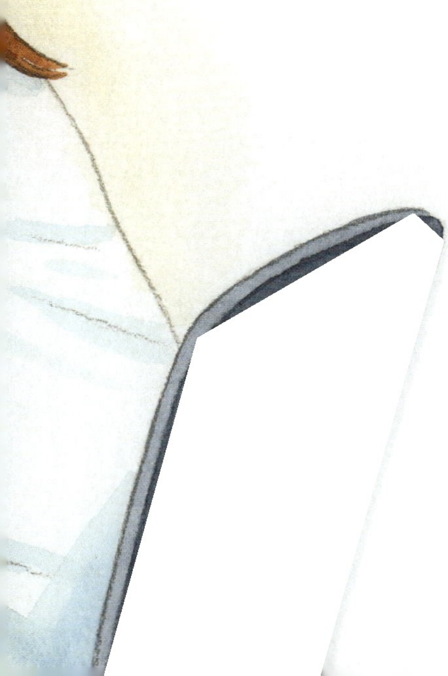

Leserätsel

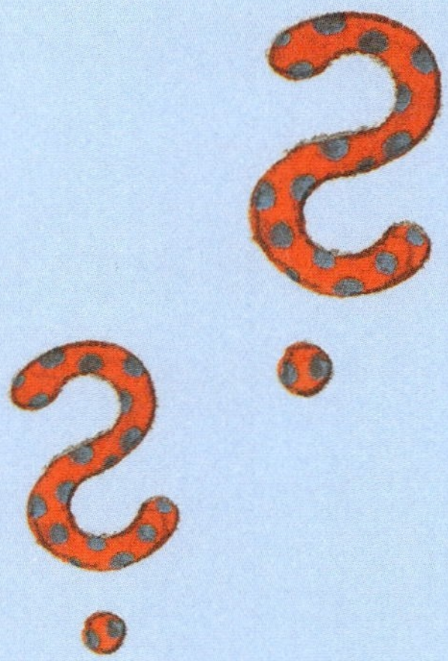

Die Klasse von Marie plant

LU eine Lesenacht.

FU eine Leseschlacht.

PU einen Sehtest.

Jaro lacht in der Schule über Marie, denn sie liest

ST mit dem Ohr.

CH mit der Nase.

NN mit dem Mund.

Marie ist weitsichtig, darum braucht sie

L ein Fernglas.

T eine Klobrille.

S eine Brille.

Die Buchstaben neben den richtigen Antworten ergeben ein Lösungswort: Wer gut sehen kann, hat Augen wie ein

__ __ __ __ __ .

Marie bekommt eine Brille

Die Augenärztin schreibt die Stärke
der Brillengläser auf einen Zettel.
Damit gehen Marie und Papa zum Optiker.
Da gibt es jede Menge Brillengestelle.
„Hallo Marie! Kriegst du eine Brille?"
Finn kommt mit seiner Mutter in den Laden.
„Guck mal, die wäre doch gut!"
Marie setzt die Brille auf,
die Finn ihr gibt.

„Da kann ich ja gleich
eine Taucherbrille aufziehen!“
Marie grinst.

Brillen anzuprobieren macht Spaß!
Es ist ein bisschen wie Verkleiden.
Nach einer halben Stunde hat Marie
ein Gestell gefunden, das sie gut findet.
Und auch ihr Papa und Finn meinen:
„Sieht super aus!“

Drei Tage später kann Marie
ihre Brille abholen.
Der Optiker hat die Gläser
in das Brillengestell eingebaut.
Er passt die Brille für Marie an.
Sie darf nicht drücken und nicht rutschen.
„Es ist am Anfang noch ungewohnt,
mit einer Brille herumzulaufen“, sagt er.

„Aber je länger du sie auf der Nase lässt,
desto schneller gewöhnst du dich daran.“
Marie guckt in den Spiegel.
Irgendwie sieht sie mit der Brille anders aus.
Und das Gehen ist wirklich noch etwas
seltsam mit der Brille auf der Nase.

Am nächsten Morgen will Marie
nicht in die Schule gehen.
Ob Leon noch ihr Freund sein will,
wenn sie eine Brille hat?
Und was wohl die anderen Kinder sagen?
Zum Glück trifft sie Finn schon am Schultor.
„Willkommen im Club der Durchblicker“,
ruft er fröhlich.

Auch die anderen sagen nichts Fieses.
Nur Jaro lacht: „Noch eine Brillenschlange!“
Aber Leon faucht Jaro an:
„Lass Marie in Ruhe!“
Da weiß Marie, dass Leon noch immer
ihr Freund sein will.
„Brillenschlangen sind Kobras!“,
sagt Johanna. „Und die sind giftig, Jaro!“
Da hält Jaro lieber den Mund.

Leserätsel

Wo sucht sich Marie ein
Brillengestell aus?

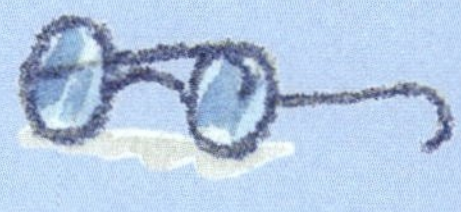

- **P** Bei der Augenärztin.
- **F** Im Baumarkt.
- **A** Beim Optiker.

Wen trifft Marie
beim Optiker?

- **T** Leon.
- **U** Finn.
- **I** Herrn Baum.

Warum soll Marie die Brille möglichst lange auf der Nase haben?

G Damit sich ihre Augen an die Brille gewöhnen.

P Damit sich ihre Nase an die Brille gewöhnt.

N Damit sich ihre Freunde an die Brille gewöhnen.

Kobras sind

S weitsichtig.

E giftig.

N kurzsichtig.

Die Buchstaben neben den richtigen Antworten ergeben ein Lösungswort:

__ __ __ __.

Die Lesenacht

Bald redet niemand mehr über Maries Brille.
Denn Herr Baum schreibt an die Tafel,
was sie für die Lesenacht brauchen:
Bücher, Isomatten und Schlafsäcke.
Johannas Eltern haben versprochen,
für Getränke zu sorgen.
Die Eltern von Marie, Lilly und Leon
schmieren Brötchen für die Nacht.
Jaros Mutter will am nächsten Morgen
Frühstück für alle bringen.
„Denkt auch an eure Taschenlampen",
sagt Herr Baum. „Das ist gemütlicher!"
Jetzt kann Marie es kaum noch erwarten.

ISOMATTE
SCHLAF-
SACK
SCHLAFANZUG
HANDTUCH
TASCHENLAMPE
BÜCHER !!!

Endlich ist es so weit:
Die Schüler haben die Tische und Stühle auf den Flur geräumt.
Auf dem Boden liegen Isomatten.
Darauf machen es sich die Schüler bequem.
Sogar Herr Baum hat eine Isomatte mitgebracht und ein riesiges Kissen.
Daneben legt er einen Stapel Bücher.
„Wer will zuerst vorlesen?“, fragt er.

Marie meldet sich sofort.
Herr Baum nickt ihr zu.
„Na dann zeig mal,
was die neue Brille kann!"
Marie setzt sich auf das Kissen.
Sie nimmt das erste Buch vom Stapel.
Sie rückt ihre Brille zurecht.
Und dann liest sie den anderen vor.
Nicht mit der Nase.
Sondern mit den Augen!

Infoseite
Das brauchst du für eine Lesenacht in der Schule:

Zahnbürste und Zahnpasta

Lesebrille

Frühstück für den nächsten Morgen

Kuscheltier

Schlafanzug

Schlafsack

Bücher

Handtuch

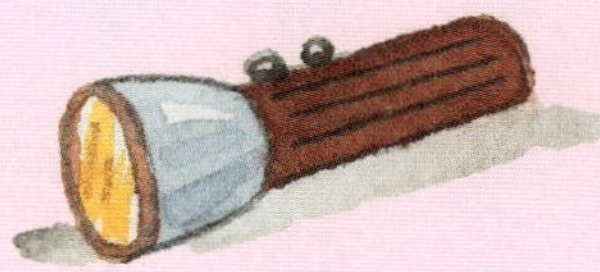

Taschenlampe

Leselampe

Isomatte oder
Luftmatratze

Getränke und Picknick
für den Abend

Lösungen

S. 16/17:
Die Klasse von Marie plant eine Lesenacht.
Jaro lacht in der Schule über Marie,
denn sie liest mit der Nase.
Marie ist weitsichtig, darum braucht sie eine Brille.
Wer gut sehen kann, hat Augen wie ein LUCHS.

S. 24/25:
Marie sucht sich beim Optiker ein Brillengestell aus.
Marie trifft Finn beim Optiker.
Marie soll die Brille möglichst lange auf der Nase haben,
damit sich ihre Augen an die Brille gewöhnen.
Kobras sind giftig.
Lösungswort: AUGE

David im Fußballcamp

Eine Geschichte von Imke Rudel
mit Bildern von Jan Birck

Willkommen im Fußballcamp!

David freut sich riesig.
Mit seinem Freund Michi nimmt er
an einem Fußballcamp teil.
Der Trainer begrüßt die Jungen:
„Hallo! Ich bin Paul.
Wir werden in der nächsten Woche
zusammen Fußball spielen.

Und bestimmt viel Spaß dabei haben!
Morgens und nachmittags
gibt es jeweils ein Training."
„Wie langweilig!", sagt ein Junge.
„Machen wir gar keine richtigen Spiele?"
„Natürlich, Alex", beruhigt ihn Paul.
„Jeden Tag gibt es ein Spiel
gegen eine andere Mannschaft."

„Wir spielen aber nicht nur Fußball.
Im Camp gibt es einen Tischdienst
und einen Wäschedienst.
Jeder ist mal an der Reihe“,
sagt Paul.
„Das ist aber doof“, meckert Alex.
„Ich will hier Fußball spielen
und keine Wäsche waschen!“

„Für die Spiele braucht jeder Spieler
ein sauberes Trikot.
Und Arbeit für die Mannschaft
gehört zum Camp dazu."
Damit beendet Paul das Thema
und verteilt die Zimmer.
Michi stößt David an:
„Zum Glück schläft dieser Blödmann
nicht bei uns im Zimmer!"

Am Nachmittag ist das erste Training.
Es werden Freistöße geübt.
Drei Jungen bilden eine Mauer.
Ein Spieler soll versuchen,
über die Mauer zu schießen.
„So macht man das!“, schreit Alex
und schnappt sich den Ball.

Er nimmt Anlauf und haut den Ball
mit Karacho mitten in die Mauer.
„Alter Angeber“, murmelt David
und reibt sich den Arm.
Danach ist Michi an der Reihe.
Mit einem tollen Heber
schießt er den Ball über die Mauer.
Mitten ins Tor!

Leserätsel

Was ist richtig? Kreuze an!

Jeder im Fußballcamp muss einmal

T Wäsche waschen.

R Socken stopfen.

O Füße waschen.

C Trikots bügeln.

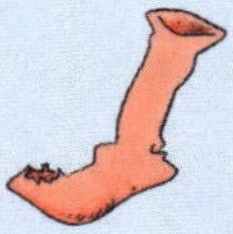

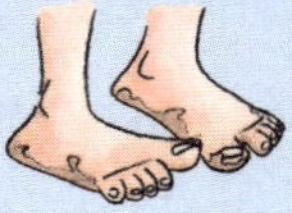

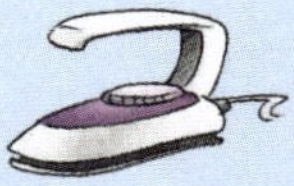

Der Angeber heißt

A Paul.

O Alex.

T David.

E Axel.

Michi schießt den Ball

B in die Mauer.

R über die Mauer.

T über das Tor.

O neben das Tor.

Die Buchstaben neben den richtigen Antworten ergeben ein Lösungswort: ___ ___ ___

Im ersten Training werden Freistöße geübt. Was bilden die Jungen dafür? Bringe die Bälle in die richtige Reihenfolge!

Eine ___ ___ ___ ___ ___ .

Fußball ist ein Mannschaftssport

Abends gibt es eine Pressekonferenz.
Paul erklärt: „Hier darf jeder sagen,
was ihm gut oder nicht so gut gefallen hat.
Und wir wählen den Spieler des Tages.
Ich schlage Michi vor.
Sein Freistoß war klasse.
Wer dafür ist, hebt die Hand.“

Viele Hände gehen in die Luft
und Michi strahlt.
David freut sich auch.
Vor allem als er das Gesicht
von Alex sieht:
Es sieht aus, als ob er
in eine Zitrone gebissen hat.
Bestimmt wäre Alex gern selbst
Spieler des Tages geworden.

„Heute machen wir Fliegertraining“,
erklärt Paul am nächsten Tag.
„Ich zeige euch einen Fallrückzieher.“
Paul stellt sich mit dem Rücken
zum Tor auf.
Dann kickt er den Ball in die Luft,
wirft sich nach hinten und trifft
den Ball im Fallen. Tor!

Alex schnappt sich als Erster den Ball
und beginnt zu üben.
Es ist ziemlich schwer,
den Ball in der Luft zu treffen.
„Noch zwei Mal, Alex,
und dann gibst du den Ball bitte
an David ab“, sagt Paul schließlich.
Aber Alex denkt gar nicht daran.
Er macht einfach weiter.

David ist stinksauer auf Alex.
„Dieser Idiot denkt nur an sich!“,
beschwert er sich bei Michi.
„Ob der noch mal kapiert,
dass Fußball ein Mannschaftssport ist?“

Am Nachmittag ist das Spiel
gegen die Großen vom Nachbarplatz.
Davids Mannschaft hält sich super.
Momentan steht es unentschieden
und es sind nur noch
wenige Minuten zu spielen.
David dribbelt mit dem Ball nach vorn.
Jetzt muss er flanken.
Michi und Alex stehen beide bereit.

Leserätsel

Was ist richtig? Kreuze an!

Michi wird

- T Spüler des Tages.
- D Spieler des Abends.
- O Spiegel des Morgens.
- E Spieler des Tages.

Beim Fliegertraining üben die Jungen

- E Schwalben zu machen.
- A vom Platz zu fliegen.
- L Fallrückzieher.
- V Trikotweitwurf.

Welches Bild zeigt einen Fallrückzieher?

P

F

A

M

Die Buchstaben neben den richtigen Antworten ergeben ein anderes Wort für eine Fußballmannschaft: __ __ __

Wer wird Spieler des Tages?

Natürlich will David lieber
zu Michi schießen.
Im letzten Moment sieht er,
dass ein Gegner Michi deckt.
David gibt sich einen Ruck und
schießt eine tolle Flanke zu Alex.
Der hält nur noch den Fuß hin
und verlängert den Ball ins Tor.
Davids Mannschaft hat gewonnen!

Nach dem Abendessen
ist wieder Pressekonferenz.
Am besten hat heute
allen das spannende Spiel
gegen die Großen gefallen.
„Hat jemand einen Vorschlag
für den Spieler des Tages?“,
fragt Paul.

„Eigentlich sollten wir Alex vorschlagen“, flüstert David Michi zu. „Er hat das entscheidende Tor geschossen.“
Aber da ruft Alex schon:
„Ich schlage David vor.
Ohne seine geniale Vorlage hätte ich das Tor nicht schießen können.“

Alle Jungen strecken
ihre Hände in die Luft.
David wird knallrot vor Freude.
Paul klopft beiden Jungen
auf die Schultern und sagt:
„Herzlichen Glückwunsch!
Ihr zwei seid wirklich ein tolles Team!“

Infoseite
Was nimmst du mit ins Fußballcamp?

Einen Freund, der genauso gern Fußball spielt wie du

Schienbeinschoner und Stutzen

Eine große Sporttasche, in die alles hineinpasst

Trainingskleidung und Fußballschuhe

Eine Taschenlampe für die nächtliche Taktikbesprechung

Einen Müsli- oder Energieriegel,
wenn dich die Kräfte verlassen

Trikot und Hose

Deinen Lieblingsteddy, falls dich
ein Heimwehanfall überkommt

Ein Comic-Heft für
Freistunden

Eine nachfüllbare Trinkflasche,
damit du nicht verdurstest

S. 42/43:

Jeder im Fußballcamp muss
einmal Wäsche waschen.
Der Angeber heißt Alex.
Michi schießt den Ball über die Mauer.
Lösungswort: TOR
Die Jungen bilden eine MAUER.

S. 50/51:

Michi wird Spieler des Tages.
Beim Fliegertraining üben die Jungen Fallrückzieher.
Dieses Bild zeigt einen Fallrückzieher:

F

ELF ist ein anderes Wort für eine
Fußballmannschaft.

Lösungen

Conni und der Frechdachs

Eine Geschichte von Julia Boehme

mit Bildern von Herdis Albrecht

Kater Mau hat Hunger

„Miau!“ Kater Mau streicht um Connis Beine.
So begrüßt er sie immer,
wenn sie aus der Schule kommt.
„Na, du!“ Conni krault ihn hinter den Ohren.
Mau liebt das. Meistens zumindest.
Doch heute schüttelt er Connis Hand ab.
„Mau!“, maunzt er und kratzt
am Küchenschrank.
„Hast du Hunger?“, fragt Conni.

„Ich habe ihm doch erst vorhin eine Dose Katzenfutter gegeben“, wundert sich Mama.
Mau schiebt seinen Fressnapf vor Connis Füße.
Er ist leer und blitzblank sauber geschleckt.
„Ich glaube, er will noch mehr“, lacht Conni.
Und sie darf Mau noch etwas Futter geben.
Gierig macht er sich darüber her.

Am Abend ist es genau dasselbe.
Mama hat wie immer den Napf gefüllt.
Doch wenig später tigert Kater Mau hungrig vor dem Küchenschrank auf und ab.
Und er maunzt so kläglich, dass Conni ihm noch eine zweite Dose aufmacht.

Am nächsten Tag passiert es.
Conni sitzt mit Mama, Papa und Jakob beim Essen.
Hungrig kommt Kater Mau aus dem Garten herein.
Da hören sie plötzlich ein lautes Fauchen aus der Küche: „Chrrr!“

Conni stürmt zur Küche, um nachzusehen.
Da flitzt etwas zwischen ihren Beinen
hindurch.
Na, so was! Eine weiße Katze!
Schon schlüpft sie durch die Tür
in den Garten hinaus.

Kater Mau will hinterher.
Doch Conni nimmt ihn auf den Arm.
„Du bleibst schön drinnen!“, sagt sie.
„Du kriegst auch etwas Neues zu fressen!
Einverstanden?“
„Mau!“, maunzt Kater Mau.
Einverstanden!

Leserätsel

Hier sind ein paar Wörter ausgebüxt.
Kannst du sie an die richtige Stelle schreiben?

MAU

SCHRANK

KÜCHE

SCHULE

ARM

KLÄGLICH

Conni kommt gerade aus der S C [H] U L E.

Kater M A [U] streicht um ihre Beine.

Er kratzt am S C H R A [N] G.

Der Kater maunzt K L Ä [G] L I C H.

Conni hört ein Fauchen aus der K Ü C H [E].

Conni nimmt Mau auf den A [R] M.

Die Buchstaben in den Kästchen ergeben das Lösungswort. Kater Mau hat

H u n g e r.

Was frisst Kater Mau am liebsten?

Der richtige Weg verrät es dir!

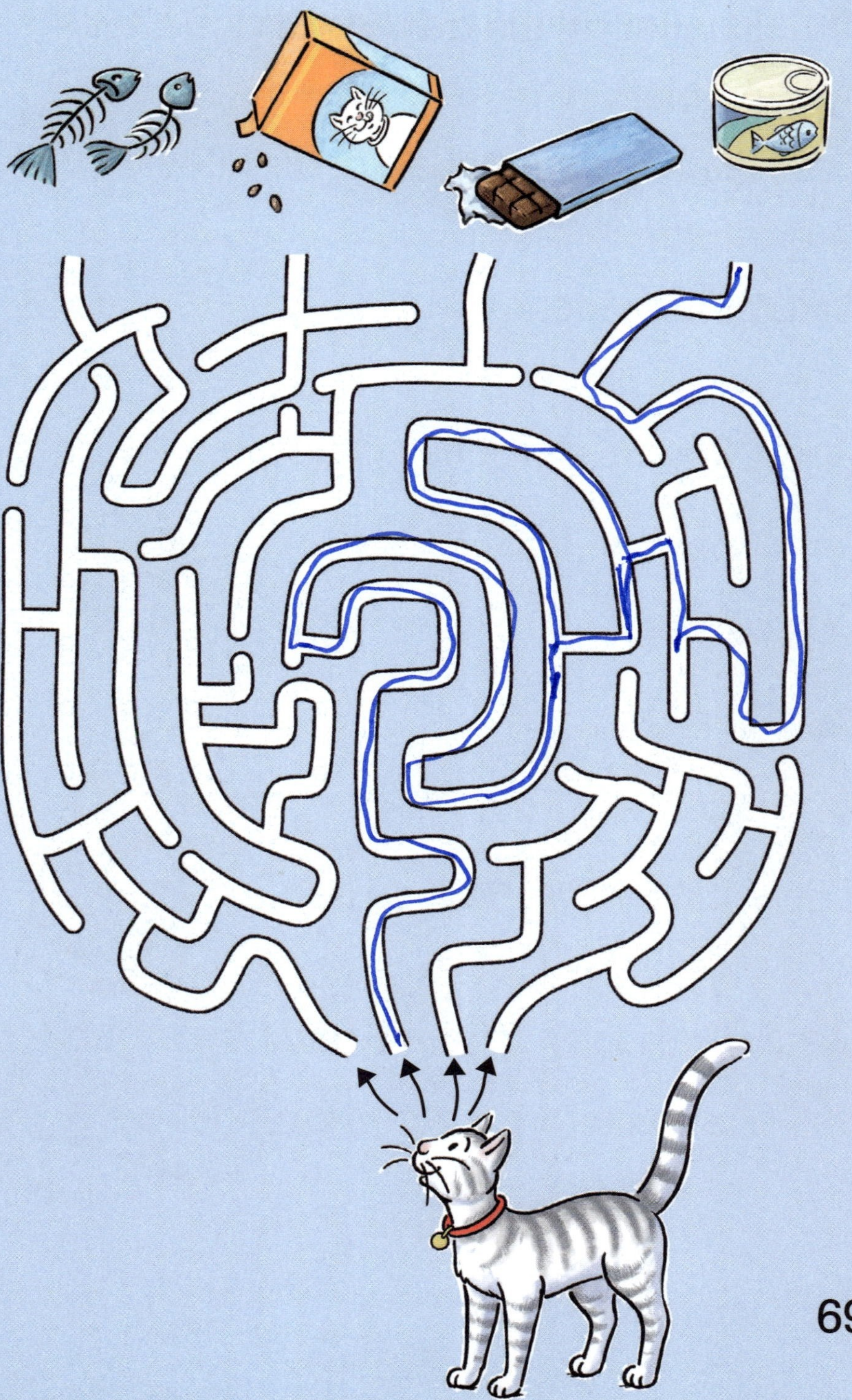

So ein Frechdachs!

Conni streichelt Kater Mau.
„Jetzt ist klar, warum du immer hungrig bist.
Der kleine Frechdachs hat dir alles weggefuttert!"
Jakob muss lachen.

Ja, es ist ganz schön frech,
Mau einfach so das Fressen zu klauen.
In der Küche bekommt Mau neues Futter.
„Guten Appetit!“, wünscht Conni.
Das lässt sich Mau nicht zweimal sagen.

Gerade will sich Conni wieder
an den Tisch setzen, da entdeckt sie
die fremde Katze.
Vorsichtig linst sie zur Tür herein.
Sie hat helles Fell, eine dunkle Schnauze
und leuchtend blaue Augen.
Conni staunt. „Das ist ja eine Siamkatze!“
Die kannte sie bisher nur aus Büchern.

Ganz langsam hockt Conni sich hin.
„Na, komm doch! Komm!“,
lockt sie die Katze an.
Die Siamkatze zögert nur kurz.
Dann schleicht sie ins Haus.
Sie umrundet Conni einmal
und lässt sich streicheln.
„Ist die süß!“ Conni strahlt.
Am liebsten würde sie die Katze
für immer behalten.

Aber Mama reißt Conni aus
ihren Träumen.
„Ist da nicht ein Namensschild
am Halsband?“, fragt sie.
Tatsächlich. Doch bevor Conni es
lesen kann, stürmt Kater Mau herein.
Oje, den haben sie ganz vergessen!
Die Siamkatze faucht und rennt los.
Kater Mau flitzt hinterher.

Erst als Mau die halbe Gardine herunterreißt, kann Conni ihn endlich schnappen.
Mama, Papa und Jakob versuchen, die Siamkatze zu erwischen.
Die springt vor Schreck auf den Tisch.
Zwei Gläser kippen um.
Ein Teller kracht zu Boden.
Und dann tapst sie noch in die Puddingschüssel!

Leserätsel

Was macht die Siamkatze?

Kreuze alle richtigen Sätze an.

VER Die Katze beißt Conni in den Zeh.

SAU Die Katze wirft zwei Gläser um.

EIN Die Katze frisst Jakobs Gummibärchen.

ER Die Katze schmeißt einen Teller vom Tisch.

EI Die Katze tapst in die Puddingschüssel.

Die Silben neben den richtigen Sätzen ergeben das Lösungswort:

S A U E R _ _

Trage alle Tiere in das Kreuzworträtsel ein.
Die markierten Felder verraten dir, woher
Siamkatzen ursprünglich stammen.

Siamkatzen stammen aus ASIEN.

Ein Königreich für Kater Mau

Erst als Mama Kater Mau nach oben bringt,
beruhigt sich die Siamkatze.
Unter dem Tisch schleckt sie ihr Fell.
Dann schleicht sie zu Conni.
Zum Schmusen.
Conni krault sie sanft.
Jetzt kann sie endlich das Namensschild
mit der Telefonnummer lesen.

Papa ruft sofort an.
Keine Viertelstunde später ist
Herr Leopold da.
„Cosima, da bist du ja!“, ruft er glücklich.
„Sie sollte zum Tierarzt.
Doch draußen vor der Tür
ist sie mir vom Arm gesprungen
und einfach weggelaufen.“

Herr Leopold seufzt.
„Den Weg nach Hause hat sie
nicht gefunden."
„Dafür den Weg zu uns!", lacht Conni.
Ein bisschen traurig ist sie schon,
dass Cosima wegmuss.
Aber schließlich hat sie ja Kater Mau.

Und der ist sehr zufrieden.
Mit aufgerichtetem Schwanz
schreitet Kater Mau wie ein König
durch die Wohnung.
Sein Reich macht ihm keiner mehr streitig.
Und als Conni ihn dann noch
hinter den Ohren krault,
schnurrt er laut wie ein Rasenmäher.

Infoseite
Alles über Katzen

Katzen säugen ihre Jungen und gehören deswegen zu den **Säugetieren.** Sie sind blitzschnelle Läufer und richtige Kletterkünstler. Katzen können sehr gut riechen, hören und sehen, sogar in der Dunkelheit.
Zur Familie der Katzen gehören nicht nur unsere Hauskatzen, sondern zum Beispiel auch Löwen, Tiger, Leoparden, Pumas und Wildkatzen.
Hauskatzen wie Kater Mau können ganz unterschiedlich aussehen: einfarbig, bunt gefleckt oder getigert. Daneben gibt es **Rassekatzen,** deren besondere Merkmale extra gezüchtet werden, wie die **Siamkatzen.** Sie haben blaue Augen und kurzes Fell, das an Pfoten, Ohren und am Schwanz meist dunkler ist.

Unsere „Stubentiger“ sehen ihren wilden Verwandten immer noch ähnlich:

Puma

Wildkatze

Hauskatze

Siamkatze

S. 68/69:

Conni kommt gerade aus der SCHULE.
Kater MAU streicht um ihre Beine.
Er kratzt am SCHRANK.

Der Kater maunzt KLÄGLICH.
Conni hört ein Fauchen aus der KÜCHE.
Conni nimmt Mau auf den ARM.
Lösungswort: HUNGER

Kater Mau frisst am liebsten Katzenfutter mit Fisch.

S. 76/77:

Die Katze wirft zwei Gläser um.
Die Katze schmeißt einen Teller vom Tisch.
Die Katze tapst in die Puddingschüssel.
Lösungswort: SAUEREI

		K	A	T	Z	E
M	A	U	S			
		F	I	S	C	H
	P	F	E	R	D	
	H	U	N	D		

Siamkatzen stammen aus ASIEN.

Lösungen

Lesen lernen mit der Lesemaus

Liebe Eltern,

alle Kinder wollen Lesen lernen. Sie sind von Natur aus wissbegierig. Diese Neugierde Ihres Kindes können Sie nutzen und das Lesenlernen frühzeitig fördern. Denn Lesen ist die Basiskompetenz für alles weitere Lernen. Aber Lesenlernen ist nicht immer einfach. Es ist wie mit dem Fahrradfahren: Man lernt es nur durch Üben – also durch Lesen. Eine schöne Motivation kann unser Lesemaus-Trainingsprogramm mit dem beiliegenden Lese-Pass sein.

Wie können Sie Ihr Kind beim Lesenlernen unterstützen?

Je positiver Kinder das Lesen erleben, desto motivierter sind sie, es selbst zu lernen. Lesen Sie Ihrem Kind mindestens bis zum Ende der Grundschulzeit vor. Etablieren Sie gemeinsame Leserituale. So erfährt Ihr Kind: Lesen macht Spaß!
Jedes Kind lernt unterschiedlich schnell lesen. Orientieren Sie sich bei der Auswahl von Erstlesebüchern an den individuellen Interessen und Lesefähigkeiten Ihres Kindes. Die Geschichten sollen Ihr Kind fordern, aber nicht überfordern.

Lesen lernen mit der Lesemaus

Die Lesemaus zum Lesenlernen bietet spannende Geschichten für Leseanfänger. Mit Leserätseln können die Kinder ihre Lernerfolge spielerisch selbst überprüfen. Außerdem gibt es in jedem Band kindgerecht aufbereitete Sachinfos.

Lesen lernen in kleinen Schritten

Der Leselern-Prozess vollzieht sich über längere Zeit und in mehreren Schritten. Daher erscheinen die Lesemaus-Geschichten in drei Lesestufen.
Umfang, Wortschatz, Gliederung, Schriftgröße, Text-Bild-Verhältnis der Geschichten und das Niveau der Leserätsel sind optimal auf die verschiedenen Phasen des Lesenlernens abgestimmt.

Stufe 1

- Erste Geschichten mit Bildern statt Wörtern für Leseanfänger
- Wenig Text, viele farbige Bilder
- Auch ideal zum gemeinsamen Lesen: Das Kind ergänzt das Wort, wenn ein Bild kommt.

Stufe 2

- Einfache Geschichten für Erstleser, die zusammenhängende Sätze lesen können
- Klare Textgliederung in Sinnabschnitte, hoher Bildanteil

Stufe 3

- Kleine Geschichten für geübtere Erstleser, die schon längere Texte lesen können
- Einfache Gliederung, höherer Textanteil, farbige Illustrationen zur Veranschaulichung

Stufe 1

Lesestufe 1: Für Leseanfänger

- Zum Mitlesen und Selberlesen
- Große Fibelschrift
- Bilder ersetzen Namenwörter

ISBN: 978-3-551-06323-6

LESEMAUS zum Lesenlernen

ISBN: 978-3-551-06324-3

ISBN: 978-3-551-06325-0

ISBN: 978-3-551-06310-6

ISBN: 978-3-551-06615-2

Sammelband

ISBN: 978-3-551-06312-0

ISBN: 978-3-551-06326-7

Lese-Spaß

mit Lese-Pass!

Lesestufe 2:
Für Erstleser

- **Klare Textgliederung in Sinnabschnitte**
- **Hoher Bildanteil**
- **Große Fibelschrift**

Jetzt wird geerntet!
Am Ende des Schuljahrs ist es
richtig bunt im Schulgarten.
Maries Bohnen und Leons Erbsen sind reif.
Die Sonnenblumen sind
riesig geworden.

18

Auch die Tomaten, Gurken,
und Radieschen sind schön
Nur den Salat, den haben l
die Schnecken gefressen.
„Aber das andere Zeug essen wir!“,
sagt Jaro.

19

ISBN: 978-3-551-06421-9

LESEMAUS
zum Lesenlernen

ISBN: 978-3-551-06403-5

ISBN: 978-3-551-06423-3

ISBN: 978-3-551-06420-2

ISBN: 978-3-551-06611-4

Sammelband

ISBN: 978-3-551-06409-7

ISBN: 978-3-551-06424-0

Jeden Tag nur 10 Minuten!

Lesestufe 3:
Für geübte Erstleser

- **Kurze Leseportionen**
- **Einfache Gliederung**
- **Farbige Illustrationen zur Veranschaulichung**

Paula landet auf ihrem Po.
„Aua!", ruft sie und will schon schimpfen.
Aber da sieht sie, dass Pünktchen
zum Gartentor galoppiert ist.
Dort steht ein fremdes Mädchen und
schlingt die Arme um Pünktchens Hals.
Das Pony schnaubt leise.
„Wer bist du denn?", fragt Paula überrascht.
„Ich bin Anna-Maria. Mir gehört das Pony!"
Und dann erzählt Anna-Maria, dass sie
mit ihren Eltern ihre Oma besucht hat.
Und da ist ihr Pony einfach ausgebüxt.

„Um mich zu suchen, wahrsc
meint Anna-Maria. „Dann ha
nach ihm gesucht! Wie verr
Bis ich die Zettel entdeckt habe.
Die hast du bestimmt geschrieben?"
Paula nickt.
„Das war eine tolle Idee!", sagt Anna-Maria.
„Ich bin ja so froh, dass ich mein Pony
wiederhabe!"

ISBN: 978-3-551-06521-6

LESEMAUS
zum Lesenlernen

ISBN: 978-3-551-06520-9

ISBN: 978-3-551-06522-3

ISBN: 978-3-551-06507-0

ISBN: 978-3-551-06612-1

Sammelband

ISBN: 978-3-551-06515-5

ISBN: 978-3-551-06523-0

Noch mehr Bücher gibt es unter
www.lesemaus.de